CONTRIBUTION

A LA THÉORIE DE LA CAUSE

DE LA CAUSE DANS LES LIBÉRALITÉS

PAR

E. TARBOURIECH

Docteur en droit

Lauréat de la Faculté de droit de Paris

> « Ce n'est point à des avocats qu'il faut aller ; car ils sont d'ordinaire sévères là-dessus et s'imaginent que c'est un grand crime que de disposer en fraude de la loi : ce sont gens de difficultés et qui sont ignorants des détours de la conscience.....
>
> MOLIÈRE, *Malade imaginaire*, act I sc. 9

PRIX : 1 FR. 50

PARIS

V. GIARD & E. BRIÈRE

LIBRAIRES-ÉDITEURS

16, RUE SOUFFLOT, 16

1894

DE LA CAUSE DANS LES LIBÉRALITÉS

DU MÊME AUTEUR :

Etude sur la situation des actionnaires dans les Sociétés anonymes et spécialement dans les Compagnies d'assurances, lorsque la conversion des actions nominatives en titres au porteur n'est pas possible ou n'a pas été votée par l'Assemblée Générale. Broch. in-8, Paris, Rousseau, éditeur, 1889.

Des assurances contre les accidents du Travail, assurance collective et de responsabilité civile, 1 vol. in-8. Paris, Marchal et Billard, éditeurs, 1889.

Procès-verbaux des séances du Congrès international des accidents du Travail, tenu à Paris en 1889, rédigés sous la Direction de M. GRUNER, *secrétaire général, et en collaboration avec* MM. MAMY, GANDOUIN, TOQUÉ, etc., in-8, Paris, Imprimerie Nationale, 1889.

De l'Attribution en cas de sinistre des indemnités d'assurances et des autres indemnités dues à l'occasion de la perte d'une chose. Commentaire des articles 2 et suivants de la loi du 19 février 1899, en collaboration avec M. DARRAS, DOCTEUR EN DROIT, 1 vol. in-8, Paris, Rousseau, 1890.

De la responsabilité du commettant à raison du dommage causé par le préposé. Extrait du journal l'ASSURANCE MODERNE. — Paris, Paul Dupont, 1892.

CONTRIBUTION

A LA THÉORIE DE LA CAUSE

DE LA CAUSE DANS LES LIBÉRALITÉS

PAR

E. TARBOURIECH

Docteur en droit

Lauréat de la Faculté de droit de Paris

« Ce n'est point à des avocats qu'il faut aller ; car ils sont d'ordinaire sévères là-dessus et s'imaginent que c'est un grand crime que de disposer en fraude de la loi : ce sont gens de difficultés et qui sont ignorants des détours de la conscience.....

MOLIÈRE, *Malade imaginaire, act I sc. 9*

PRIX : 1 FR. 50

PARIS

V. GIARD & E. BRIÈRE

LIBRAIRES-ÉDITEURS

16, RUE SOUFFLOT, 16

1894

CONTRIBUTION
A LA THÉORIE DE LA CAUSE

DE LA CAUSE DANS LES LIBÉRALITÉS

Une obligation n'est pas valable par cela seul qu'elle a été contractée par une personne capable, ayant librement consenti ; le législateur considère en outre, la fin poursuivie par le débiteur, l'intérêt sous l'aiguillon duquel il a restreint sa liberté ; il faut que cette raison d'être de l'engagement soit jugée digne de la sanction légale. C'est en ce sens que l'art. 1108 du Code civil met une cause licite au nombre des éléments essentiels à la validité des conventions. L'art. 1131 applique ce principe en disant que l'obligation sans cause ou sur cause illicite ne peut avoir aucun effet.

Les auteurs distinguent, on le sait, avec le

plus grand soin la cause, sans laquelle l'acte juridique n'existe pas, des motifs qui n'ont sur cet acte aucune influence.

Pour asseoir solidement cette distinction ils se livrent, à grand renfort d'antithèses à, une comparaison minutieuse entre le motif qui est, dit-on, la cause médiate et éloignée du contrat, et la cause qui en est le motif direct et immédiat. Le motif est subjectif, accidentel, contingent et variable, la cause est essentielle, objective, absolue, invariable. Il faut bien l'avouer, cette accumulation d'expressions, ce cliquetis de mots ne fait qu'obscurcir encore une notion qui manque de clarté par elle-même et l'énergie des épithètes n'ajoute rien à la netteté de la pensée.

Il n'est pourtant pas impossible, avec un peu de réflexion, d'arriver à une idée claire. Une remarque va nous y amener. On parle souvent de la cause ou du motif d'un contrat. C'est une fort mauvaise manière de s'exprimer; on ne saurait découvrir une raison d'être unique de l'ensemble d'une opération. C'est qu'en effet si l'objet d'une obligation est un élément extrinsèque distinct de la volonté, la cause et le motif sont au contraire des éléments sujectifs qui n'existent que dans la volonté des parties contractantes. C'est donc chacune de ces parties que nous devons envisager séparément pour découvrir le mobile de sa participation à l'acte.

Dans un acte à titre onéreux chaque contractant désire obtenir en compensation de l'appauvrissement qu'il consent, un équivalent. Ces deux éléments du contrat qui sont liés intimement, ont une raison d'être distincte. A la raison d'être de l'appauvrissement, que je consens, nous devons réserver l'expression de cause. Il faudra appeler motifs les circonstances ou besoins qui ont engendré chez moi le désir d'acquérir un équivalent. Les motifs ont un caractère économique, sont personnels et varient à l'infini ; la cause est une notion purement juridique toujours identique à elle-même dans un contrat déterminé. Si ce contrat est synallagmatique il fait naître des obligations réciproques; l'obligation d'un des contractants aura toujours pour cause l'obligation de l'autre partie (1). L'obligation de l'acheteur de payer le prix

(1) On dit souvent que l'obligation d'une partie a pour cause l'objet de l'obligation de l'autre partie ; cette formule qui semble indifférente a conduit certains auteurs à nier l'existence de la cause comme élément du contrat distinct de l'objet. En séparant la cause de l'objet, le Code civil aurait commis une erreur. La nullité faute de cause se confondrait avec la nullité faute d'objet. Je crois devoir repous-

a toujours sa cause dans l'obligation que pèse sur le vendeur de lui livrer la chose et de lui en procurer la libre jouissance.

Dans les contrats unilatéraux, l'obligation qui ne pèse que sur l'une des parties, a sa cause, non dans une autre obligation mais dans une prestation émanant du cocontractant. L'obligation de l'emprunteur a sa cause dans le versement des deniers par le prêteur, etc.

La différence n'est pas très grande entre les deux catégories de contrat. Dans les deux cas, la cause de l'obligation d'une des parties est toujours dans l'équivalent désiré, ou obtenu de l'autre partie.

La recherche de la cause devient bien plus délicate lorsque l'acte est à titre gratuit. La gratifiant se dépouille sans compensation, n'attend de son sacrifice aucun équivalent. Faut-il en conclure que la cause n'est pas un élément essentiel des libéralités ? Si on admet que la théorie subsiste de la cause même dans les actes à titre gratuit, en quoi peut-elle bien consister ? Il n'y a pas là, une pure question de métaphysique juridique. Le problème présente la plus grande importance pratique. Il

ser ce système. Il me semble d'une analyse plus sûre, plus avancée, de distinguer avec la majorité des auteurs les deux théories.

s'agit de savoir si une donation ou un legs peut être annulé comme contraire à la loi ou aux mœurs. Tel est l'objet de la présente étude.

*
* *

La théorie de la Cause s'applique-t-elle aux actes à titre gratuit comme aux actes à titre onéreux? La jurisprudence se prononce très nettement pour l'affirmative sans distinguer entre les donations et les testaments. « Attendu en droit que les dispositions à titre gratuit sont nulles tout aussi bien que les dispositions à titre onéreux, lorsqu'elles reposent sur une cause illicite. » (Cas. Req. 31 juillet 1860. D. 60, 1, 460; et 22 janv. 1867. D. 67, 1, 9; ces deux arrêts étant rendus à l'occasion d'un legs.)

Cette application aux libéralités des art. 1108, 1131, 1133, est repoussée par beaucoup d'auteurs et des plus importants. Les uns n'hésitent pas (Huc 6ᵉ vol., p. 63) à affirmer que l'essence des dispositions à titre gratuit est d'être sans cause. « Quand un homme capable et agissant librement a dit : je donne ou lègue, il a fait un acte qui porte en lui-même sa raison d'être ; personne n'a droit de lui demander compte des mobiles auxquels il a obéi, des motifs qui ont déterminé un tel exercice du droit de vouloir. » Ce système est très simple et très net, il n'a qu'un défaut, c'est de traiter la question par la question, et de se contenter d'affirmations sans preuves. Il se heurte en outre, à la généralité des termes de nos articles qui ne font aucune distinction entre les obligations contractées à titre gratuit et les autres à quoi on répond que « les affirmations les plus positives du législateur ne peuvent donner corps à ce qui n'existe pas ».

La plupart des auteurs, soit par répugnance pour ce procédé par trop cavalier de discussion qui se débarrasse d'un texte du Code par une injure à l'adresse de ses auteurs, soit par amour de la symétrie, reconnaissent bien qu'en principe, l'acte gratuit a une cause comme l'acte onéreux. Mais cette cause n'est, dit-on, que l'intention d'exercer une libéralité, la libre détermination d'accomplir un acte de bienfaisance (Aubry et Rau, t. 7, p. 575-651 — Demolombe, t. XXIV p., 335 n° 352) la libre et régulière manifestation de la volonté de donner, *l'animus donandi*, en un mot l'intention libérale, laquelle intention se suffit à elle-même, a en soi sa raison d'être. Indépendante qu'elle est de tout fait extérieur, dont le vice pouvait l'atteindre, une donation ne saurait donc être attaquée comme fondée sur une cause illicite.

A ceux qui objectent que tel donateur peut avoir été inspiré par une tout autre idée que celle de faire du bien, qu'il peut poursuivre un but en soi illicite, on répond qu'il y a là, une confusion entre la cause et les motifs, entre le droit et la morale; que le jurisconsulte ne peut quitter le terrain juridique pour entrer dans le domaine psychologique qui lui est fermé.

Il est donc impossible d'appliquer aux libéralités les articles sur la cause. Ce système aboutit à des conséquences si absurdes qu'elles en constituent la condamnation la plus absolue.

Je promets de l'argent à quelqu'un pour commettre un acte criminel, cet encouragement au crime devra-t-il être considéré comme un motif sans influence sur la validité de ma promesse, dont le coupable pourrait me demander l'exécution? Cela est inadmissible. Les auteurs que je combats l'ont bien senti, et ils s'accordent à annuler l'obligation contractée ou la prestation accomplie dans le but d'obtenir l'accomplissement d'un fait illicite ou comme prix d'un service, rendu ou à rendre, contraire aux lois ou aux bonnes mœurs. Mais pour concilier cette solution avec leur théorie, ils disent : peu importe la qualification donnée par les parties à l'opération, elle ne constitue pas une véritable donation, mais un acte à titre onéreux auquel la théorie de la cause s'applique sans difficulté.

Cette tendance que l'on rencontre non seulement en doctrine mais même en jurisprudence à traiter comme à titre onéreux des actes se produisant sous les apparences de libéralités présente un très grave inconvénient; cette assimilation forcée est possible pour les donations, non pour les legs qui sont essentiellement à titre gratuit, de sorte qu'on aboutit à valider telle libéralité, parce qu'elle résulte d'un testament alors qu'on l'annulerait dans une donation, contradiction qui fait éclater l'insuffisance de l'expédient proposé.

D'un autre côté il ne suffit pas de procéder par voie d'affirmations sans preuve et de classements arbitraires ; il faut trouver un critérium qui permette de distinguer l'acte onéreux de l'acte gratuit. Il semble facile de dire qu'il y a donation de la part de celui qui effectue une prestation ou assume une obligation sans compensation. Un acte onéreux est au contraire un acte par lequel on ne s'oblige ou on ne preste qu'avec la volonté d'obtenir un équivalent.

Mais cet équivalent nécessaire pour conférer à une opération juridique, le caractère onéreux, quelle doit en être la nature? Suffit-il qu'il soit simplement moral. On l'a pensé. M. Bartin, a soutenu dans sa *Théorie des conditions impossibles, illicites ou contraires aux mœurs* (p. 37 note) que l'on peut faire un acte à titre onéreux pour satisfaire un simple intérêt d'affection. Il nous paraît impossible de partager cette manière de voir.

On a d'abord fait observer que le caractéristique de l'acte onéreux est de conférer à chacune des parties une action en dommages-intérêts qui lui fournit sa première et naturelle sanction. Est-il possible d'accorder au disposant une action sur le simple fondement d'un intérêt moral ? Il semble que les principes généraux de notre droit y répugnent.

En second lieu, cette conception n'aboutit à rien moins qu'à confondre d'une manière absolue l'acte à titre onéreux et l'acte à titre gratuit que l'on prétend distinguer. Il n'y a pas en effet d'obligation contractée ou de prestation consentie sans équivalent ; un dépouillement consenti sans équivalent est un acte sans but, l'œuvre d'un fou. Le donateur même le plus désintéressé ne s'appauvrit qu'avec la volonté d'obtenir quelque compensation. « L'intérêt, a dit Larochefoucauld, parle toutes sortes de langues et joue toutes sortes de personnages, même celui de désintéressé.....

Ce qui paraît générosité n'est souvent qu'une ambition déguisée qui méprise de petits intérêts pour aller à de plus grands. »

Sans pénétrer aussi loin que le moraliste dans l'analyse des sentiments humains, ne faut-il pas reconnaître que le donateur obéira toujours à un intérêt personnel. La reconnaissance et le dévouement du donataire qu'il espère acquérir et dont il pense pouvoir tirer utilité un jour, la jouissance d'amour-propre qu'il ressent s'il agit par vanité et gloriole, la satisfaction d'un ordre plus élevé que procurent aux âmes nobles les bonnes actions, tels sont les équivalents d'ordre purement moral que recherchera le plus souvent le disposant.

Ils ne peuvent évidemment transformer sa donation en acte à titre onéreux. Aucune libéralité ne résisterait à une pareille épreuve.

Mais si un intérêt moral ne suffit pas pour constituer un acte onéreux, quelle sorte d'intérêt faut-il? Pour certains auteurs (M. Lepelletier, dans sa Thèse sur les Fondations), il n'y a d'acte à titre onéreux qu'autant que celui qui s'oblige ou preste, a la volonté et la conscience d'obtenir un équivalent matériel et appréciable en argent à l'obligation qu'il assume ou à l'aliénation qu'il consent. Il faut que dans son patrimoine l'appauvrissement qu'il subit soit, dans une certaine mesure, compensé par un enrichissement correspondant. Pour d'autres (M. Truchy, dans sa Thèse sur les Fondations), cet équivalent doit consister en un fait juridique, c'est-à-dire une obligation contractée envers le disposant, une prestation qui lui est faite ou une libération qui lui est procurée.

Cette formule paraît assez heureuse au premier aspect. Elle a cependant un grave défaut. Si l'on prétend s'y tenir, il existe une foule d'actes qui ne seraient ni gratuits ni onéreux et flotteraient entre ces deux catégories. Lorsque je paie une dette civile, ce paiement libérant mon patrimoine constitue un acte onéreux. Je paie une dette naturelle, est-ce une donation? Non, dit l'art. 1235. J'exécute une obligation purement morale qui ne m'oblige que dans le for intérieur, peut-on dire que j'accomplis une libéralité désintéressée ?

D'autre part, un acte est onéreux quand le disposant tend à obtenir une contre-prestation appréciable en argent et augmentant son patrimoine. En sera-t-il de même si cette contre-prestation, bien que juridiquement appréciable en argen n'accroît pas le patrimoine du disposant ? Un individu veut contester une reconnaissance faite par lui d'un enfant naturel, il donne à la mère une somme d'argent à la condition qu'elle ne contredira pas l'action en nullité. (Cass. 7 déc. 1885, D. 87, 1, 324). Est-ce une donation ou un acte onéreux ?

Il est donc impossible d'établir une démarcation tranchée entre l'acte onéreux et l'acte à titre gratuit. Et cette seule observation, dont on ne contestera pas la justesse, montre sur quelle base fragile les auteurs établissent leur théorie de la cause, à quelles difficultés inextricables ils s'exposent quand ils définissent l'intention libérale cause des libéralités, la conscience pour le disposant de n'obtenir à l'appauvrissement de son patrimoine aucun équivalent, matériel et appréciable en argent pour les uns, juridique disent les autres.

Si nous faisons abstraction des difficultés dont nous n'avons donné qu'un aperçu, et que soulève la question de la nature de l'équivalent, pouvons-nous accepter la formule ? Je ne le crois pas. Elle se présente en effet sous les apparences les plus bizarres. Elle nous dit ce que n'est pas la cause, elle ne nous dit pas ce qu'elle est. Il ne suffit pas de constater, et c'est tout ce que font les auteurs que nous critiquons, que la cause dans les donations diffère de la cause dans les actes onéreux. Il faut nous dire en quoi elle consiste.

La définition qu'on en donne nous la présente comme une négation et, qui plus est, comme une pure abstraction. Dans les actes à titre onéreux, la cause de chaque obligation a un caractère absolument positif et concret. Il doit en être de même dans les libéralités.

C'est ce qu'admettait déjà Domat. Or les idées de Bigot de Préameneu qui sont le seul témoignage qui nous reste de la conception des rédacteurs du Code civil, procèdent de Domat et on peut affirmer que ce sont ces idées qui ont passé dans notre Code (Locré, VI, p. 152). Domat disait « que l'engagement de celui qui donne doit, à peine de n'être pas valable, avoir un motif raisonnable et juste, comme un service rendu ou quelque autre mérite du donataire ou le seul plaisir de faire du bien, et ce motif tient lieu de cause de la part de celui qui reçoit et ne donne rien. » Ces quelques lignes de Domat contiennent la véritable théorie sur la cause dans les donations.

Ce n'est pas, comme on le dit, la volonté de se dépouiller sans compensation. L'intention libérale se ramène forcément, Laurent l'a remarqué, à l'un de ces trois sentiments, bienfaisance, affection ou gratitude, le premier de ces sentiments ayant un caractère impersonnel, les deux autres un caractère personnel (1). Ceci dit, il est facile de comprendre que l'affection qui a inspiré une donation peut être illicite, que la gratitude du donateur envers le donataire peut avoir sa source dans des faits immoraux, enfin que le sentiment de bienfaisance qui a inspiré le gratifiant, si élevé qu'il soit, si digne d'intérêt qu'il puisse être, se heurte à une loi positive et impérative. Dans ces cas, la donation sera nulle par application de l'art. 1133.

Ce que je dis des donations, il faut le dire également des legs. Il ne saurait être question de faire aucune distinction entre les actes entre-vifs et les actes de dernière volonté. La cause en effet n'est pas un élément artificiel établi par la loi dans la matière des conventions et devant y rester renfermé, c'est un élément naturel de toute obligation, comme l'est le consentement dont elle est, a-t-on dit, un des éléments, un des moments. C'est

(1) Pour M. Gauly (Essai d'une définition de la cause. Rev. Crit. 1886, p. 44), la cause de la donation est la qualité du donataire qui rend intelligible la libéralité.

ce qu'admettait déjà Pothier, (Introd. au Titre des Testaments, sect. 2, n° 23 et suiv.)

Nous arrivons ainsi à restituer à la théorie de la cause, arbitrairement étriquée par les auteurs, qui restreignent la portée des textes, l'unité et l'ampleur, la symétrie qu'elle comporte. Toute obligation, quelle qu'en soit l'origine, la nature, doit avoir une cause.

On nous objectera que ce sentiment, dans lequel nous voyons la cause de la libéralité en est simplement le motif, que nous confondons cause et motif. Pas le moins du monde. Nous nous sommes nettement expliqués sur la cause. C'est, avons-nous dit, la raison d'être de l'obligation. Cette raison d'être dans l'acte onéreux est l'acquisition d'un équivalent; dans la donation, elle consiste en un sentiment désintéressé ; elle est moins apparente, plus difficile à découvrir dans le second cas que dans le premier. En tout cas, elle ne change pas de nature, elle reste le mobile direct, immédiat de l'obligation, qui une fois découvert doit nous suffire, sans que nous puissions pousser nos investigations plus loin et rechercher le mobile éloigné, la *causa causæ*, le motif. De même que, dans l'acte à titre onéreux, il nous est indifférent de savoir le motif qui a déterminé le créancier à rechercher tel équivalent, de même dans la libéralité on ne recherchera pas quel a été le motif de l'affection du donateur envers le donataire, ni le motif, vanité ou amour de l'humanité, qui l'a porté à tel acte de bienfaisance.

Les articles 1108, 1131 et 1133 doivent donc recevoir leur application aussi bien aux libéralités qu'aux actes onéreux.

*
* *

La jurisprudence l'admet, je l'ai déjà dit.

L'application la plus curieuse peut être de cette théorie se rattache à l'interprétation de l'art. 900 qui déclare non écrites les conditions illicites insérées dans un testament ou une donation. La Cour de Cassation admet, nul ne l'ignore, que cet article est impératif, mais qu'il faut en écarter l'application et annuler non plus seulement la condition mais la libéralité tout entière lorsqu'il est reconnu, par les juges du fait, que la condition en a été la cause impulsive et déterminante. (Cass. 17 juill. 1883; S. 84, 1,365.) Ce système est vivement critiqué; et je n'ai pas à en entreprendre l'examen. Je me borne à remarquer que le mot cause est pris ici dans le sens technique et que le raisonnement de la Cour de Cassation très solide et à mon avis convaincant, se ramène à ceci que l'art. 900 déroge sans doute à l'art. 1172 mais qu'il laisse subsister l'art. 1133. Cet article 1133 limite en un mot et restreint la partie de l'art. 900, en permettant d'annuler pour le tout une libéralité, qui, en vertu de ce dernier article devait être maintenue, la condition étant simplement réputée non écrite.

Je ne puis insister davantage sur cette question ayant hâte d'arriver aux applications que la jurisprudence a faites de l'art. 1133 aux dons et legs faits à des enfants adultérins ou à une concubine : Un homme fait une donation ou un legs à son enfant. Cette libéralité a pour cause l'affection qu'il lui porte, cela est évident; cette cause est-elle licite? Oui, sans aucun doute si l'enfant est légitime. Non, si l'enfant est adultérin, l'affection d'un homme pour ses enfants adultérins est illicite, en ce sens tout au moins, qu'elle ne peut autoriser le père à donner ses biens à cet enfant.

Donc sera nulle toute donation ou tout legs qui aura pour cause la conviction ou était le donateur ou testateur qu'il était le père adultérin du gratifié. C'est ce qu'admet une jurisprudence constante,

V. notamment Cass. Req. 7 déc. 1840, D. A. V° Disp. entre vifs et test. n° 405; — 31 juillet 1860, D. 60, 1, 458; Cass. 22 janvier 1867, D. 67, 1, 9; — Paris, 11 août 1866, D. 66, 2, 168; - Cass. 29 juin 1887, D. 88, 1, 297.

De même une libéralité faite à un enfant naturel simple sera réduite dans les termes de l'art. 757. — Caen, 11 déc. 1876, D. 78, 5, 19.

Cette jurisprudence est absolument conforme aux principes. On peut cependant lui reprocher d'avoir apporté à sa théorie une restriction illogique et inadmissible. Elle a trait au mode de preuve. Comment doit-on prouver que la cause de telle donation était une affection illicite, ou pour se servir de l'expression des arrêts, la conviction d'une paternité adultérine ? Il semble évident que cette preuve s'appliquant non à un acte juridique mais à un pur fait doit pouvoir être faite par tous les moyens possibles, elle résultera de la reconnaissance qui, bien que ne pouvant établir la filiation (1) vaudra tout au moins comme preuve des sentiments du testateur, elle résultera d'une men-

(1) Il faut bien remarquer, en effet, qu'on n'invoque pas directement contre l'enfant adultérin l'incapacité de recevoir de l'art. 762.

tion dans le testament. Elle pourra enfin être faite par lettres ou papiers de famille aussi bien que par témoins et par présomptions graves, précises et concordantes.

La jurisprudence admet au contraire que la preuve de cette conviction doit ressortir des énonciations de l'acte même, testament ou donation qui contient la libéralité, qu'on ne peut la faire résulter d'un autre acte, reconnaissance antérieure, testament révoqué, etc. (1).

Pour justifier cette exigence, insoutenable d'après nous, on a donné trois raisons. D'abord, dit-on, l'acte est indivisible. A quoi on a répondu facilement que pour que les dispositions d'un acte soient indivisibles il faut qu'elles aient la même force, et soient également probantes. Or ici le legs a une valeur que n'a pas la reconnaissance qui est nulle comme telle. Si on lui attribue un effet quelconque elle doit le produire, qu'elle se trouve dans le testament, ou l'ait précédé de quelques heures. Il serait trop facile au père de revenir sur un aveu imprudent en ne faisant dans son testament aucune

(1) Voir, outre les arrêts cités plus haut, Grenoble 6 fév. 1845 ; S.46, 2, 579 ; Cass. 18 mars 1846 ; S. 47, 1, 430 ; Aix 5 janv. 1882 ; S. 82, 2, 178.

allusion à la reconnaissance antérieure, S'il a reconnu l'enfant dans son testament, mieux conseillé, il révoquera ce premier acte pour en faire un autre. Tout cela est enfantin.

La seconde raison donnée à l'appui de la jurisprudence n'est pas meilleure. En se déclarant père d'un enfant qui ne peut être qu'adultérin, le testateur, dit-on, viole la loi trop ouvertement. C'est trop d'impudence comme on chante dans les opéras ! Il y a une sorte d'anarchisme dans le fait de quelqu'un qui déclare : Je connais la loi, je la brave et ne la lègue à mon enfant adultérin que parce qu'il est adultérin, pour violer la loi !

Je ne crois pas que ceux qui avouent leur paternité dans leur testament, le fassent par bravade ; ils agissent plutôt avec étourderie ou par ignorance je ne dirais pas de la loi mais de la jurisprudence. — De plus est-il juridique de décider que cette bravade, doit modifier en quelque sorte les principes du droit. Cela n'est pas sérieux.

Le troisième argument est, je le confesse, un peu plus solide. Lorsque le testateur avoue sa paternité dans le testament, il n'existe aucun doute sur ces deux faits : la conviction que le de cujus avait de sa paternité, et la relation existant entre cette conviction et la libéralité. Cela est certain. Mais s'il n'y a aucune incertitude dans ce cas, n'est-il pas d'autres hypothèses de fait où l'hésitation ne serait pas davantage possible ? il en est ainsi notamment lorsque, par exemple, la reconnaissance a précédé le testament ou lorsque le testament a été refait pour en effacer la mention compromettante.

En somme nous pouvons enfermer la jurisprudence dans ce dilemme : ou bien les tribunaux considèrent la reconnaissance comme un mode de preuve de la filiation ; dans ce cas elle est nulle en quelque forme qu'elle soit faite, à quelque époque qu'elle intervienne, ou il faut y voir simplement la preuve de l'opinion du testateur et alors qu'importe encore et sa forme et sa date, pourquoi donner une solution différente suivant qu'elle est formulée dans le testament révoqué ou un testament antérieur !

Il faut aller plus loin. Un arrêt n'a-t-il pas décidé que la preuve qui nous préoccupe pouvait résulter d'une lettre écrite sur la même feuille que le testament. En couchant ainsi deux actes sur la même feuille de timbre, le testateur exposait ses héritiers à une amende. Si connaissant ce détail de notre législation fiscale il avait chercher à éviter cette légère charge, il eut donné force et validité à ses legs.

Est-ce admissible?

Il faut donc nous en tenir au principe énoncé et permettre la preuve par tous les moyens possibles de la conviction où était le testateur de sa paternité.

Si les tribunaux se sont refusés à appliquer en notre matière les principes généraux sur la preuve, cela tient à la répugnance qu'ils éprouvent pour des recherches de nature, pensent-ils, à soulever des scandales. Ils oublient que, au moment où leur intervention est sollicitée, ces scandales existent déjà, que les actions judiciaires non seulement ne les créent pas, mais même le plus souvent ne les révèlent à personne, que sous prétexte de ne pas les dévoiler, on les perpétue, on les sanctionne; en un mot, un tel pharisaïsme constitue une sorte de complicité morale.

Quoi qu'il en soit, c'est cette crainte du scandale qui arrête encore la jurisprudence dans l'application de l'art. 1133 aux donations entre concubins.

L'incapacité de recevoir entre concubins qui existait autrefois, a disparu de notre Code ; le concubinage n'est pas par lui-même une cause de nullité des libéralités entre concubins (1), mais la théorie de la cause illicite peut encore ici fonctionner.

L'affection qu'un homme éprouve pour sa femme légitime est licite et peut servir de cause à une donation, l'affection qu'il ressent pour une maîtresse adultère, est au contraire illicite cela est évident, puisque ces relations constituent un délit. On doit donc annuler comme ayant une cause illicite, une libéralité faite par l'amant à sa concubine, au moins en cas d'adultère. La jurisprudence ne l'admet pas d'une façon aussi absolue. Voici comment elle raisonne (2). Une donation d'un homme à une femme est nulle lorsqu'il sera établi que le donateur l'a faite uniquement pour obtenir de la donataire des complaisances honteuses ou pour la rémunérer des relations antérieures ou pour se soustraire à des tentatives de chantage. La prétendue libéralite est au fond un marché honteux. C'est-à-dire que la jurisprudence, abandonnant

(1) Montpellier 23 févr. 1885, S. 87, 1, 361. Voir aussi Trib. Laon 7 juin 1887, Amiens 8 févr. 1888, S. 88, 2, 167.

(2) Toulouse 28 avril 1880, S. 82, 2,222 ; Cass. 23 juin 1887 S. 87, 1, 361 ; — Trib. civ. Seine (3ᵉ ch.), 7 déc. 1893. *Le Droit* du 27 janv. 1894; V. en outre un art. de M. Lebret, dans *Le Droit* du 15 janv. 1890.

son point de départ qui est l'application des art. 1131 et 1133 aux libéralités, s'efforce de faire rentrer dans les actes onéreux certaines donations pour les annuler. Je dis donation, car ainsi que je l'ai montré, cette transformation n'est possible que pour les donations, et les legs y échappent à raison de leur caractère essentiellement gratuit.

Le raisonnement est d'ailleurs fort critiquable, son insuffisance est évidente. Sans doute, il y a des cas où la prétendue donation n'est qu'un contrat à titre onéreux, mais ce ne sera pas toujours vrai. Une distinction très nette s'impose : Une courtisane vient

Faire au premier venu,
Pour y dormir une heure offre de son sein nu,

comme dit Victor Hugo ; le client de hasard solde le « pretium stupri » il y a acte à titre onéreux soit, mais après vingt ans d'une de ces unions illégitimes, qui revêtent toutes les apparences tonte la respectabilité d'un vrai mariage, l'amant légue sa fortune à la compagne de sa vie, peut-on nier qu'il y ait là une vraie donation.

La jurisprudence a d'ailleurs du système faux qu'elle admet, déduit deux conséquences également inadmissibles. D'abord elle exige que le fait illicite, les relations illégimes soient la cause non seulement déterminante mais encore unique de la libéralité. Voilà certes une exigence qui ne se justifie en aucune façon. Cette preuve est impossible à faire; on retire d'une main ce qu'on a donné de l'autre.

La jurisprudence en second lieu tend à exiger que la preuve de la cause illicite résulte de l'acte même qu'on attaque. Il faudrait semble-t-il pour qu'un testament soit annulé de ce chef que ce testament contienne une clause subordonnant la libéralité à la continuation de la vie commune. Cette exigence ne se justifie aucunement. Un individu veut par l'appât du gain retenir une maîtresse, et fait en sa faveur un testament. A-t-il besoin d'y mettre, reproduisant une clause usitée pour les legs aux domestiques, que le testament ne vaudra qu'autant que la légataire « demeure à son service ? ». Evidemment non, le testateur reste toujours le maître de révoquer son testament et cette menace de révocation produira le même effet sur la femme que la clause à la fois cynique et puérile dont nous parlons.

La théorie des arrêts est bien trop étroite.

La jurisprudence en un mot, n'a pas osé aller jusqu'au bout de son système, en tirer les conséquences logiques et inévitables, d'ailleurs fort admissibles en elles-mêmes. Nous sommes dans une de ces matières où le droit n'a pas encore atteint le dernier terme de son évolution.

Si une libéralité peut être annulée comme ayant une cause illicite, elle peut l'être également lorsqu'elle repose sur une fausse cause. Ainsi un homme fait une donation dans les limites légales à un enfant naturel simple, qu'il a reconnu, puis ensuite, il conteste cette reconnaissance et la fait tomber. Il sera admis également à faire annuler comme ayant une fausse cause, la donation basée sur une conviction de sa paternité reconnue erronée.

En résumé, je n'hésite pas à appliquer aux actes à titre gratuit, comme aux actes à titre onéreux la théorie de la cause et les hypothèses que j'ai indiquées ne sont que des exemples, on pourrait en trouver d'autres.

Je dois en terminant dire un mot de la question de la preuve qui semble, bien à tort, préoccuper les auteurs et la jurisprudence; je dis à tort, car le fonctionnement en notre matière des règles de droit commun sur la preuve ne souffre à mon sens aucune difficulté. C'est au créancier à prouver que sa créance réunit toutes les conditions légales. C'est donc au donataire ou légataire à indiquer quelle est la cause qu'il attribue à la donation, ce qui lui sera facile ; le donateur ou ses héritiers auront la faculté, s'ils prétendent que cette cause est fausse ou illicite, de le démontrer.

PARIS. — IMP. V. GIARD & E. BRIÈRE, ÉDITEURS, 16, RUE SOUFFLOT

OUVRAGES DE DROIT USUEL

L'Avocat de tout le monde. Guide pratique contenant les principes du droit politique, du Code civil, de la procédure, du droit pénal, les dispositions du Code rural, du Code forestier, les grandes lois usuelles, les lois sur la pêche, sur la chasse, etc., par **Cunisset-Carnot,** avocat général, docteur en droit. Un vol. in-12, 1891. Prix : broché, **4** fr., cartonné... .... **4 fr. 50**

L'Avocat de la Famille. Guide pratique traitant des droits et des obligations légales de la famille, par **A. Maugras,** avocat-publiciste. Un vol. in-12, 1891. Prix : broché, **4** fr. ; cart.......................... .... **4 fr. 50**

L'Avocat des Propriétaires et des Locataires. Guide pratique, contenant tous les modèles d'actes sous seings privés usiés dans les ventes et locations diverses. Ouvrage adopté par la ville de Paris pour ses Bibliothèques communales, par **E. Coqueugniot,** ex avoué à la Cour, avocat à la Cour d'appel. Un vol. in-12, 1891. Prix : broché, **4** fr. ; cartonné.................. **4 fr. 50**

L'Avocat des Communes et des Administrés de la commune. Guide pratique traitant de la législation et de l'administration communales. Du rôle de tous les agents, employés, fonctionnaires municipaux. Des attributions du maire. *Ouvrage tenu au courant des lois et arrêts les plus récents et suivi d'un répertoire alphabétique des questions usuelles d'administration et de police municipales.* Par **A. Maugars,** avocat-publiciste. — Un vol. in-12. 1892. Prix : broché, **4** fr., cartonné.. **4 fr. 50**

L'Avocat des Commerçants et des Industriels, des Voyageurs et des Représentants de commerce. Guide pratique traitant de toute la législation qui régit le commerce et l'industrie, par **E. Coqueugniot,** ex avoué, avocat à la Cour d'appel. Un volume in-12, 1892. Prix : broché, **4** fr. ; cart. **4 fr. 50**

L'Avocat du Pêcheur. Texte et commentaire des lois et décrets sur la pêche fluviale, par **G. Lecouffe,** avocat à Saint-Omer. Un vol. in-16, 1891. Prix. **0 fr. 75**

L'Avocat du Chasseur. Petit traité pratique du droit de chasse, par **G. Lecouffe,** avocat à Saint-Omer. Un vol. in-16, 1889. Prix.................. **0 fr. 75**

Chasses réservées. Etude de droit usuel sur les locations de chasse : — le Garde-Chasse, ses droits et ses devoirs, par **G. Lecouffe,** avocat à St-Omer. Un vol in-16, 1891. Prix.. **0 fr. 75**

Les Lois françaises. Guide pratique de législation permettant de gérer soi-même ses affaires et d'éviter les procès, par **Robert Frémont** et **A. Piermé.** Un fort vol. in-12, cartonné. Prix................ .... **7 fr. 50**
Ouvrage adopté pour les bibliothèques pédagogiques et honoré de la souscription de M. le Ministre de l'Instruction publique.

Manuel pratique du Mariage : *Contrat de mariage, Mariage civil et religieux,* **du Divorce,** *de la Séparation de corps et de la Séparation de biens,* avec détail de tous les frais de chaque matière, par **Isaure Toulouse,** avocat à Paris, officier de l'instruction publique. 2e édit. un volume in-18, 1894. Prix **3 fr.**

L'Art de faire soi-même son testament ou **Traité pratique du testament olographe,** avec toutes les formules dont on peut avoir besoin dans les diverses circonstances de la vie, par **Paul Berton,** conseiller à la Cour d'Orléans. Sixième édition, 1 volume in-18, 1893. Prix............ **3 fr. 50**

Texte officiel de la loi municipale du 5 avril 1884, accompagné de Notes et Commentaires. — Un volume grand in-8. Prix...................... **2 fr.**

PARIS. — IMP. V. GIARD & E. BRIÈRE, ÉDITEURS, 16, RUE SOUFFLOT

www.ingramcontent.com/pod-product-compliance
Ingram Content Group UK Ltd.
Pitfield, Milton Keynes, MK11 3LW, UK
UKHW021117290826
14628UKWH00014B/2608

9 782019 649845